NOTICE BIOGRAPHIQUE

SUR

M. LE COMTE F. DE PERSIGNY.

SAINT-ÉTIENNE, IMPRIMERIE DE THÉOLIER AINÉ.

NOTICE BIOGRAPHIQUE

SUR

M. LE COMTE F. DE PERSIGNY

« *Je sers.* »
(Devise de M. de Persigny).

PARIS

BORRANY ET DROZ

Rue des Saints-Pères.

1854

NOTICE BIOGRAPHIQUE

M. LE COMTE F. DE PERSIGNY

« *Je sers.* »
(Devise de M. de Persigny).

Notre vie est l'expansion de notre caractère.

Ce qui fait la grandeur d'un caractère, ce n'est ni l'ambition, ni le courage dans l'adversité, ni même la modération dans le succès : c'est une volonté forte, persévérante, dévouée jusqu'à l'abnégation, passionnée jusqu'au sacrifice, dans l'intérêt exclusif d'une idée élevée à la hauteur d'une religion.

Placée en de telles conditions, la vie d'un homme doit nécessairement participer de cette grandeur.

On admire toujours les qualités intellectuelles qui mènent à l'Académie ou à de hautes fonctions ; mais le côté moral de l'existence intéresse bien plus, car c'est par là, en définitive, que, tôt ou tard, il faut juger un homme pour apprécier sa valeur réelle.

C'est ce côté moral surtout qui est attachant dans la vie de M. de Persigny. Et pour la raconter dignement, il me suffira de la raconter simplement.

En ces temps, où les caractères sont si incertains, les affections si molles, les dévouements si équivoques, cette *Notice* offre un enseignement et peut-être une leçon.

I.

M. le comte FIALIN DE PERSIGNY (Jean-Gilbert-Victor), est né le 11 janvier 1808, à Saint-Germain-Lespinasse (Loire). Son père, mort en Espagne en 1812, avait eu de son mariage avec Anne Girard de Charbonnières deux fils, Henri et Victor. L'aîné, qui se destinait à la magistrature, avait vu ses espérances détruites par les événements de 1830 qui avaient renversé les protecteurs de sa famille : il est mort notaire dans une commune de l'arrondissement de Roanne. Le plus jeune fit ses études au collége royal de Limoges, où il était entré comme boursier de la ville de Paris, grâce à l'intervention d'un allié de sa famille, M. de Chabrol-Volvic, préfet de la Seine.

En quittant le collége, M. de Persigny fut reçu à l'école de cavalerie de Saumur, le 25 juillet 1826. Au bout de deux années, son intelligence et son application lui valurent de sortir au premier rang et de passer, à son choix, dans le 4e régiment de hussards.

II.

Les familles ont leurs croyances et leurs traditions qui passent quelquefois avec le sang dans la vie de leurs enfants. Par ses souvenirs, ses relations et ses alliances, celle de M. de Persigny était attachée depuis longtemps aux idées et aux princes que l'invasion étrangère avait ramenés en France. Les habitudes de son éducation et l'intérêt de son avenir, ces deux grands mobiles humains, auraient dû porter le jeune soldat à persister dans une opinion que les siens lui avaient transmise comme un patrimoine ; mais il ne l'accepta que pour un moment et comme point de départ. Recueilli dans un généreux sentiment d'indépendance, il soumit les croyances politiques qu'on lui avait données toutes faites, au double critérium de l'histoire et de la raison. Pour mieux faire comprendre comment elles se modifièrent, qu'il me soit permis de jeter un coup d'œil rétrospectif sur l'état des esprits à cette époque.

III.

La chute de l'Empire n'avait pas laissé à sa suite de parti bonapartiste proprement dit ; elle avait laissé mieux qu'un parti : un sentiment profondément sympathique, dont la nation, on peut l'affirmer aujourd'hui, ne s'est jamais laissé distraire par le bruit des joies officielles qui ont salué tous les régimes suivants.

Les actes de la Restauration ne furent pas de nature à diminuer la force de ce sentiment. Entre l'Empereur et les Bourbons, il s'était établi une triste comparaison ! Napoléon avait dû sa couronne à son épée et au consentement de la France ; Louis XVIII avait gagné son trône pour ainsi dire par des moyens détournés. Loin de défendre le sol de la patrie, comme l'Empereur à Montmirail et à Waterloo, le descendant du grand roi avait été forcé de solder aux ennemis la glorieuse facture de nos victoires et de nos conquêtes. A la place du génie qui crée et du pouvoir qui féconde, le nouveau gouvernement ne présentait que l'étalage de son impuissance, et, en même temps, il s'efforçait de rejeter la nation au-delà de 89, en la tirant à reculons.

Quant aux royalistes, ils n'étaient plus les héritiers de la chevalerie. Après avoir déserté le poste d'honneur qui les retenait naturellement auprès de l'infortuné Louis XVI, ils ne semblaient revenus que pour reconstituer leurs affaires personnelles et bourdonner, comme un essaim de guêpes élégantes, autour de nos malheurs.

En un mot, au lieu d'une épopée chargée de miracles, on avait le spectacle de cette comédie qui a consisté, pendant quinze ans, à se traîner sur le vieux procès de 89, entre des paroles d'avocat et des processions officielles.

En les rappelant, je ne veux pas m'appesantir sur ces faits. Je me borne à les constater comme une explication suffisante des causes qui présidèrent à la formation du parti libéral. On demandait la liberté en dédommagement de la gloire absente : quoi de plus raisonnable ! Une jeunesse ardente s'était enrôlée sous ce drapeau. Cette lutte contre la Restauration, souvent éloquente, toujours acharnée, et qui devait aboutir à une révolution, était, pour la plupart de ceux qui s'y étaient engagés, moins une question d'opposition constitutionnelle qu'une question de principe, où l'idée de la souveraineté populaire dominait la souveraineté du droit divin ; et la raison proclamait, par la bouche des libéraux les plus avancés, que si le silence d'un peuple autorise un gouvernement de fait, l'élection seule peut constituer un gouvernement de droit.

IV.

Je n'ai pas besoin de dire que M. de Persigny fut de ces jeunes gens qui faisaient cortège au parti libéral. Son instinct, sa raison et le spectacle des misères de cette époque l'avaient rangé de ce côté. Il cessa d'être royaliste sans qu'on puisse lui reprocher de l'avoir été ; et, bien qu'il fût sur le point d'être admis dans les gardes-du-corps, la révolution de 1830 le trouva disposé à agir dans le sens du mouvement démocratique.

Au moment où l'insurrection éclata, le 4e de hussards tenait garnison à Pontivy. A cette nouvelle, plusieurs chefs du corps décidèrent et obtinrent, malgré les répugnances du colonel, qu'on se porterait sur Rennes. M. de Persigny avait été chargé de gagner les sous-officiers à la cause de la liberté et il avait suffisamment réussi !

Lorsque la Révolution eut triomphé, cette conduite fut désapprouvée par le gouvernement qui profitait des résultats. M. de Persigny, renvoyé en congé d'un an, se retira dans sa famille. A l'expiration de ce congé, s'étant rendu à Paris pour réclamer son rappel, le ministre de la guerre le désigna pour le 3e régiment de même arme. Ce transfèrement ne fût pas accepté. Notre jeune compatriote préféra abandonner une carrière qu'il ne croyait pouvoir continuer sans compromettre, à ses yeux, la dignité de son caractère. Une décision ministérielle du 4 octobre 1831 le raya définitivement des cadres de l'armée.

V.

Lorsqu'on est atteint par un coup immérité, que les illusions si chères de l'amour-propre ou de la jeunesse viennent à s'évanouir, et que les rêves d'une légitime ambition sont brusquement interrompus, le courage est difficile à ceux qui n'ont point encore subi les enseignements de l'expérience. En ces sortes d'épreuves, les âmes vulgaires se découragent et s'anéantissent ; les âmes supérieures, au contraire, s'y retrempent, s'y fortifient, et en retirent presque à leur insu une énergie puissante qui les pousse en avant.

Rentré dans la vie privée, à cet âge aimable autant qu'insouciant où le travail n'est qu'une distraction entre deux plaisirs, M. de Persigny se livra à l'étude, moins pour y puiser une consolation que pour satisfaire ce besoin d'activité naturel aux esprits sérieux et précoces.

Après avoir passé quatorze mois environ au sein de sa famille, fatigué de la vie de province, qui n'offre aux impatiences de la jeunesse ni assez de variété, ni assez de mouvement, il revint à Paris vers le commencement de l'année 1833, pour tenter la fortune, le cœur plein de ces vagues espérances d'avenir qui sourient si facilement à l'imagination, et où l'inconnu joue un si grand rôle.

VI.

Un homme de bon conseil, M. Baude, alors conseiller d'Etat, l'accueillit avec une parfaite obligeance, l'aida de ses lumières et de sa protection, et voulut même le faire entrer dans les Forêts de la couronne. Poussé par son humeur militante, M. de Persigny aima mieux aborder la carrière du journalisme : ce genre de vie active, dont les hommes mûrs se dégoûtent vite, plait toujours à un jeune homme d'imagination. Une lettre de M. Baude lui donna accès au *Courrier français*, dirigé par M. Léon Faucher qui, par une sorte de vocation, était, en ce temps-là comme aujourd'hui, dans les rangs de l'opposition.

La même année, M. de Persigny publia, dans le

Spectateur militaire (1), sur les haras et remontes d'une partie des Etats de la Confédération germanique, une lettre fort étendue, qui abonde en observations justes et en considérations pratiques. Dans ce travail, écrit à la suite d'un voyage dans le grand-duché de Bade et dans les royaumes de Wurtemberg et de Bavière, l'auteur, après avoir constaté la supériorité des chevaux de ces pays sur ceux de la cavalerie française, indique les causes de cette supériorité, montre les importants résultats dûs à leurs systèmes unis et réguliers de haras et remontes, dont il décrit le mécanisme et le mode d'exécution ; signale les avantages des fermes royales créées pour l'élève des jeunes chevaux destinés à former le complément des remontes. Le prix consacré à l'achat du cheval de troupe, les qualités exigées par l'administration, les inspections annuelles des jeunes chevaux, les soins hygiéniques dont ils sont l'objet, etc. ; rien n'est omis dans cette lettre intéressante, dont la forme rapide et familière annonce un homme qui se sent à l'aise en de pareilles questions.

(1) *Spectateur militaire*, tome XVIIIe, 104e livre, page 168-182.

VII.

Ce voyage, entrepris dans un but de curiosité, devait avoir un résultat bien plus important que l'étude d'une question hippique, car il opéra dans l'esprit de M. de Persigny une conversion décisive.

A l'époque où, retiré du service, il vivait au milieu de sa famille, il se revendiquait hautement du parti républicain. Il ne manquait pas une occasion de défendre ses opinions politiques ; et il les défendait avec cet amour passionné de l'idéal, qui est une qualité malheureuse de la jeunesse.

Un de ses oncles, qui avait servi l'Empire comme officier et comme administrateur, lui parlait souvent de Napoléon ; il le montrait reconstruisant la société, constituant la nation, rendant à Dieu la place qu'on lui avait ôtée dans ses temples et dans les esprits, gravant dans les lois le principe impérissable de l'égalité, semant à travers l'Europe les idées françaises, la gloire, la civilisation. En outre, dans son excursion en Allemagne, M. de Persigny avait remarqué la vénération profonde dont la mémoire de l'Empereur était l'objet, dans les provinces mêmes qui avaient le plus souffert de la guerre. Frappé d'un phénomène aussi étrange, il chercha à s'en rendre compte, et il se prit avec ardeur à étudier l'histoire impériale. Nous avons eu entre les mains des analyses et des notes qui témoignent suffisamment de l'attention et du zèle qu'il apporta dans cette étude.

Cette nouvelle perspective fut loin d'affaiblir l'enthousiasme de M. de Persigny : elle n'en changea que le point d'appui et la direction. C'est de ce moment que la France et l'Empire, l'autorité la plus forte à côté de la démocratie la plus féconde, lui semblèrent des choses inséparables, et que dans un élan tout chevaleresque, il s'écria : « Je veux être le Loyola de l'Empire ! » Et comme l'action n'est que la logique de la pensée, il se mit sérieusement à l'œuvre.

VIII.

Nous sommes en 1834.

Il s'agit de savoir si la situation du bonapartisme, sa force, son influence, sont telles qu'elles puissent raisonnablement autoriser M. de Persigny à entreprendre la restauration de l'Empire.

A cette époque, le duc de Reischtadt est mort; Louis-Napoléon n'est connu que par son héroïque conduite à Forli; le roi Joseph, héritier légitime de l'Empereur, vit à Londres, avec le calme, la sagesse et le désintéressement d'un philosophe ancien. Le parti bonapartiste est peu de chose; c'est un culte plus qu'une idée; il tient tout entier dans le salon de Mme la comtesse Regnault de Saint-Jean-d'Angely. Suivant l'expression d'un bonapartiste, le gouvernement de Louis-Philippe « riait au nez de ces gens-là. » En un mot, le retour de l'Empire n'est pas même un rêve (1).

(1) La lettre suivante, trouvée au sac des Tuileries, en 1848, prouve assez combien on songeait peu à l'Empire, même parmi ceux qui gardaient le souvenir de l'Empereur :
 « Sire,
« Il ne m'appartient pas de dire au Roi ce qui s'oppose
« à ce que la session actuelle ne soit, ainsi que les deux
« dernières, une occasion de servir Votre Majesté en assu-
« rant à vos ministres l'appui secret d'une partie notable
« de l'opposition; mais *j'attache trop de prix à ce qu'au-*
« *cune circonstance ne puisse désormais faire suspecter*
« *la sincérité des vœux dont j'ai déposé l'hommage aux*

C'est à ce moment où personne ne s'inquiète encore de revendiquer l'héritage du grand capitaine, que M. de Persigny va prendre la parole pour formuler l'idée impériale, mettre en relief ce qu'elle renferme de vie et de force, et, s'il est possible, la restaurer jusque dans sa forme gouvernementale.

Une telle tentative ressemblait à de la témérité, presque à de la folie. Mais aujourd'hui, les bonapartistes eux-mêmes sont réduits à admirer la sagacité et le courage de M. de Persigny.

En effet, cette initiative était d'autant plus remarquable qu'elle était désintéressée ; car, lorsqu'il fonda la *Revue de l'Occident français*, il agissait isolément, sans autre mobile que ses convictions, sans autre force que sa foi, et n'avait encore de rapports avec aucun des princes de la famille impériale.

« *pieds du trône de V. M.,* pour ne pas lui dire que la « véhémence des attaques qu'elle remarquera probable- « ment dans les discussions parlementaires, me *seront* « (*sic*) chaque jour nouvelles causes de regrets.

« Je suis, etc.

« Général MONTHOLON.

« Paris, 2 janvier 1834. »

IX.

Cette *Revue* a pour épigraphe ces paroles de Napoléon : « J'ai dessouillé la Révolution, ennobli les peuples et raffermi les rois. »

Dans la pensée de l'auteur, c'est moins une publication littéraire qu'un manifeste politique. Il n'écrit pas, comme un académicien, pour occuper noblement ses loisirs, mais pour remplir consciencieusement un devoir ; et l'on sent qu'il préférerait tenir dans sa main tout autre moyen d'action qu'une plume : il débute par cette déclaration qui n'est point, à coup sûr, d'un homme de lettres de profession : « S'il nous était permis d'agir, nous n'aurions garde de penser à la discussion publique. »

Dès les premières pages, il expose son dessein en termes significatifs : « A nous l'idée napoléonienne !
« En cette impériale idée résident la tradition tant
« cherchée du XVIIIe siècle, la vraie loi du monde
« moderne, et tout le symbole des nationalités occi-
« dentales... Le temps est venu d'annoncer par toute

« la terre européenne cet évangile impérial qui n'a
« point encore eu d'apostolat. Le temps est venu de
« relever le vieux drapeau de l'Empereur, non-seule-
« ment l'étendard de Marengo et d'Austerlitz, mais
« celui de Burgos et de la Moscowa. L'Empereur, tout
« l'Empereur ! » (1)

Chose digne de remarque ! M. de Persigny admire, sans doute, le génie militaire de l'Empereur ; son cœur est ému par le souvenir de tant de batailles immortelles ; mais il admire encore davantage le génie politique qui a créé des institutions plus étonnantes que ces batailles ; il s'inspire avec enthousiasme de l'esprit et des idées qui ont présidé à l'organisation de la société moderne. Il examine successivement Napoléon relevant la religion humiliée, dont le rétablissement fut, dit-il, « une véritable conquête à l'intérieur, » fondant de grandes familles, créant des points de ralliement populaires, opérant la fusion des partis, organisant l'instruction publique, consolidant la propriété, encourageant l'agriculture, le commerce

(1) *Occident français*. Paris, 1834, Paul Dupont. Préface, p. VIII.

et l'industrie, enfin, concevant et réalisant un code de lois admirables.

Tout cela est largement pensé et bien dit. Il y a çà et là des théories élevées, des aperçus politiques et économiques qui ne manquent pas de profondeur. Des pages entières pourraient être citées, notamment sur la législation civile et l'économie politique, telles que les entendait l'Empereur.

X.

La *Revue de l'Occident français,* qui est à vrai dire la préface des *Idées napoléoniennes* publiées six ans après, mettait en lumière le côté le moins connu et le plus durable de l'époque impériale. C'est une idée sociale, un dogme nouveau, une religion entière, dont les bonapartistes ne se doutaient pas. Ils savaient bien l'histoire des guerres de l'Empire, ils étaient encore éblouis par le souvenir de ces carrousels gigantesques auxquels l'Europe avait assisté, les armes à la main ; mais nul d'entre eux n'avait songé à porter l'analyse dans toutes les parties de l'organisme impérial. On ignorait qu'il pût convenir à nos besoins, et que la société actuelle ne réaliserait un progrès sérieux qu'en l'adoptant de nouveau.

M. de Persigny se posait en adversaire de « la logomachie politique et des bavardages parlementaires, » et il ajoutait : « Jamais l'humanité n'a fait un pas que
« par un homme, l'homme de l'œuvre actuelle ; parce
« que, en effet, il n'y a qu'un homme qui puisse être
« le représentant vrai, l'expression active d'une phase
« humanitaire. Pour empêcher, pour conserver comme
« pour détruire, il se peut que des efforts divers
« s'emploient avec avantage ; mais, pour agir, pour
« créer, l'unité est la première condition. » (1)

Ainsi, outre que l'*Occident français* était, à proprement parler, une révélation, c'était, dès ce moment, un appel formel au rétablissement du régime impérial.

Faut-il le dire, les chefs du parti ne saisirent point la portée de ce manifeste éloquent qui ouvrait sur l'objet de leur culte une perspective inconnue, et prêtait à leur foi stérile un point d'appui aussi large que fécond.

(1) *Occident français*, p. 75.

Il résulte même d'une lettre de M. de Persigny qu'ils furent loin de l'encourager dans son entreprise.

XI.

L'*Occident français* ne parut qu'une fois.

Toutefois, cette unique livraison suffit pour éveiller l'attention des princes exilés. Le roi Joseph voulut voir l'auteur. M. de Persigny se rendit à Denham-Place, près de Londres. A peine arrivé, il passa la nuit à composer un long mémoire sur les moyens de reconstituer le parti impérial; puis il le discuta, pendant plusieurs jours, et finit par convaincre Joseph, qui donna son assentiment aux idées et au plan proposés, et remit, en outre, une somme considérable destinée à leur réalisation. Mais le frère aîné de l'Empereur retira bientôt sa parole avec son argent : la foi en sa propre cause avait déjà défailli.

A ce propos, M. de Persigny écrivit au secrétaire du Prince :

« Je regrette beaucoup de n'avoir pu être complète-
« ment compris. Cela me paraît un grand malheur;

« mais, quelque grand qu'il soit, il ne m'a pas arraché
« une seule larme, quoique mes 26 ans m'aient laissé
« la fibre trop délicate, fâcheuse disposition dont j'es-
« père bien me corriger (1).

XII.

Si la publication entreprise par M. de Persigny exci-
tait de médiocres sympathies dans le parti bonapartiste,
il trouvait ailleurs des compensations dans « les
jeunes dévouements qu'il inspirait. » J'en ai la preuve
dans le passage suivant d'une lettre particulière : « J'ai
« mandé auprès de moi un de mes lieutenants, afin de
« lui donner des instructions verbales pour une mission
« à remplir dans une des grandes villes de France....
« C'est un jeune homme d'une noble famille, qui aura
« une belle fortune, et d'un courage des plus auda-
« cieux. Jusqu'ici, il n'était connu que par des duels
« brillants, le choix de ses chevaux et les qualités de

(1) Lettre à M. S. — Londres, 23 avril 1835.

« sportman. C'est à quoi il dépensait sa vie, quand je
« me suis emparé de cette âme ardente et lui ai donné
« une direction plus élevée.... »

Du reste, sa foi en « l'idée napoléonienne » était si
robuste qu'elle ne pouvait être abattue par aucun
échec. « Il faut me résigner à mes propres forces, —
« dit-il à un de ses amis. — N'importe ! ma volonté de
« fer n'en sera pas ébranlée, car je ne sais pas d'obs-
« tacles de la part des hommes qui puissent briser mon
« courage et user ma foi. Quand on est indifférent aux
« jouissances matérielles et qu'on se moque de la vie
« sans gloire, on peut se dire plus fort que le commun
« des hommes. Je continuerai mon œuvre d'apostolat ;
« et, lorsque la foule de mes disciples sera bien unie
« et d'une certaine importance numérique, je saurai
« bien trouver le point d'appui d'Archimède. »

Je n'ai pas dit pourquoi M. de Persigny, malgré son
dévouement actif à la même cause, était si mal apprécié
par les chefs du parti bonapartiste. Il va lui-même,
dans une communication intime, en fournir la raison,
en établissant la différence qui existe entre eux et lui :
« Lorsque je ressentis l'inspiration d'une idée gigan-
« tesque, le hasard m'avait placé tout-à-fait étranger
« à certaines personnes. Pour arriver jusqu'à elles, je

« n'avais, il est vrai, qu'un pas à faire : mille abou-
« tissants se présentaient à moi. Mais j'ai répugné à
« faire la soumission de mes idées. Les chefs n'accep-
« tent jamais les hommes nouveaux qu'à cette condi-
« tion. Or, mes idées n'étaient de nature à s'humilier
« devant personne. Je ne suis pas membre du parti
« bonapartiste : je suis de la religion napoléonienne.
« Le principe de mon dévouement n'est pas seulement
« dynastique, il est religieux. Je ne pouvais pas, moi
« apôtre d'une religion sociale, m'enrôler sous le
« drapeau d'un parti. Je n'ai jamais été lié médiate-
« ment ou immédiatement aux Princes N., que je ne
« connais point. Si je me dévoue à eux, c'est en vertu
« de ma foi. Ils portent en eux, indépendamment de
« leurs qualités personnelles, un principe dont ils ne
« sont pas maîtres, *qui aura ses conséquences inévi-*
« *tables*, quelles que soient leurs volontés... Du reste,
« le dogme de ma foi est inconnu des Bonapartistes, et
« il ne peut leur être sacrifié. Or, c'est ce qui aurait
« eu lieu si je fusse arrivé à eux comme un petit
« garçon. Il fallait absolument que je fusse placé à
« leur hauteur. Je me sentais assez fort pour, de cette
« position, leur faire accepter mes idées, et, une fois
« ce résultat obtenu, assez consciencieux pour obéir

« aveuglément au chef désigné..... Ma croyance est
« un tout complet , une synthèse qui comporte l'ana-
« lyse, non la division ; et les moyens d'exécution s'y
« lient tellement qu'il est difficile de les en séparer...
« Je terminerai cette explication par une seule phrase :
« Je suis l'apôtre d'une religion que Dieu seul peut-
» être m'a inspirée, je ne suis le disciple de personne.
« Je dois ajouter cependant, pour justifier cette phrase,
« en apparence si orgueilleuse, que je n'ai pas du
« tout la prétention misérablement égoïste de me poser
« en chef des apôtres. A mon âge, on est toujours
« mieux organisé pour l'obéissance que pour le com-
« mandement. Je veux dire que je me sens tout le
« dévouement nécessaire à l'obéissance passive que
« doit exiger un chef, mais à la condition qu'il aura la
« même foi, la même croyance, le même but que moi.
« Si je rencontre ce chef, c'est avec bonheur que je me
« mettrai à ses ordres, que je lui confierai mes moyens,
« mes ressources..... (1) »

(1) Lettre à M. S. — Avril 1834.

XIII.

Le jeune auteur de l'*Occident français* avait donc ses idées, son plan, ses moyens d'exécution. Il ne lui manquait que « le point d'appui » nécessaire pour réaliser ses desseins. La conduite du comte de Survilliers et l'attitude des Bonapartistes, loin de le décourager, avaient imprimé une nouvelle ardeur à sa foi. Il tourna ses regards d'un autre côté. Ce qu'il avait entendu dire de l'intelligence et du caractère de Louis-Napoléon l'engagea à s'adresser à ce jeune prince. « Ce « fut alors seulement qu'il eut l'espoir d'être com-« pris. »

Un loyal serviteur de la cause impériale se chargea de recommander M. de Persigny à Louis-Napoléon, retiré au château d'Arenenberg, où il employait son temps à étudier le passé et méditer l'avenir. Au lieu de le recommander par une de ces lettres que la police peut trouver dangereuses, tandis que le destinataire les juge souvent une pure complaisance, il lui remit simplement une chaîne de montre, donnée par le Prince, laquelle devait être à la fois un signe de reconnaissance et un titré à sa confiance. M. de Persigny se rendit immédiatement en Suisse. C'était au mois de juillet 1835. Le neveu de l'Empereur l'accueillit avec empressement, l'écouta, le comprit, et l'attacha à sa personne comme un auxiliaire utile et un ami dévoué.

A partir de ce moment jusqu'aux événements de Strasbourg, l'existence de M. de Persigny fut un mystère pour sa famille et la plupart de ses amis. Il avait rencontré le chef qu'il avait tant cherché ; et il lui consacrait son temps, ses forces, son activité. Il lui était enfin possible de tenter l'accomplissement de ses projets ; il y travaillait donc de toute l'énergie de ses sentiments, de toute l'ardeur de ses convictions.

Il revint en France. Pendant sept mois environ, il parcourut les grands centres de l'Est, caché sous différents noms, pour faire de la propagande et recruter des partisans. Il regagne la Suisse, vers la fin de septembre 1836, emportant l'espérance que toutes les mesures étaient suffisamment prises pour le succès du grand mouvement qu'il avait préparé, de concert avec le Prince Louis-Napoléon.

XIV.

Je ne veux pas raconter ici l'histoire de l'insurrection qui éclata, le 30 octobre 1836, à Strasbourg.

Il suffit de faire connaître la part qui en revient à M. de Persigny, c'est l'acte d'accusation qui nous l'apprendra. On sait que ces sortes de documents ne flattent pas un accusé.

« Des six accusés qui, avec Persigny, sont parvenus
« jusqu'à ce jour à se soustraire aux recherches de la
« justice, Persigny est celui dont la fuite est le plus à
« regretter.

« Dévoué depuis longtemps aux intérêts de Louis
« Bonaparte, actif, intelligent, homme de tête et de
« résolution, il possédait mieux que personne le secret
« des ressorts sur lesquels reposait la conspiration.

« Présent dans tous les lieux où il s'agissait, soit
« d'activer le complot, soit de gagner des adhérents ,
« la preuve de son concours sort de tous les docu-
« ments ; elle se rattache à la preuve de la culpabilité
« de chacun des conjurés, et il arrive que la tâche que

« l'accusation a, dans ce moment, à remplir à son
« égard, est en quelque sorte terminée.

« On a déjà signalé la part active que Persigny a
« prise aux évènements du 30 octobre, par l'arresta-
« tion de M. le préfet du département, de la personne
« duquel il s'est emparé à la tête d'un détachement
« d'artilleurs dont le commandement lui avait été con-
« fié par Vaudrey.

« On a signalé les rapports qu'il a eus successive-
« ment avec Parquin, Gricourt, Quérelles, de Bruc,
« la femme Gordon, et les missions diverses, mais tou-
« tes ayant pour objet l'accomplissement de ses plans,
« qu'il leur a confiées....

« On a également fait connaître que, le 28 octobre,
« il se trouvait à Fribourg, au rendez-vous donné par
« Vaudrey à la femme Gordon, et que, le lendemain,
« il se dirigeait vers l'auberge du Val-d'Enfer, où était
« descendu Louis Bonaparte.

« L'on a dit qu'il avait donné un souper à Louis
« Bonaparte et à plusieurs conjurés ; qu'il a passé avec
« eux la nuit du 29 au 30 et que, dans la matinée de
« ce jour, il a suivi le cortège jusqu'à la caserne du
« 4e régiment d'artillerie, où il a reçu une mission
« spéciale....

« Plus tard, la justice a été saisie d'une pièce trou-
« vée dans un habit de Persigny et écrite de sa main ;
« elle renferme le plan que l'on aurait suivi, dans le
« cas où le mouvement aurait réussi »…. (1)

Cette pièce n'est pas d'un style remarquable ; mais elle tend à montrer que c'est M. de Persigny, investi de la confiance du prince, qui correspondait avec les chefs secondaires ; qu'il était le centre de l'unité d'action ; en un mot, qu'il avait été l'âme du complot, préparé par ses soins et peut-être d'après ses plans.

« Lorsque M. de Persigny eut terminé sa mission, (l'arrestation du préfet) il apprit tout à la fois et l'évènement du quartier Finckmatt et la désorganisation des deux autres corps d'artillerie ; il arriva sur le rempart où le peuple faisait encore entendre les cris de *vive Napoléon !* Mais le prince était déjà prisonnier avec le colonel et ses officiers. Le peuple , sans armes , désespéré de son impuissance, lançait des pierres contre l'infanterie, qui parvint enfin à dissiper la foule en tirant des coups de fusils…. Deux régiments français étaient

(1) *Procès de l'insurrection militaire du* 30 *octobre* 1836. — (Strasbourg, 1837). Extrait de l'acte d'accusation, p. 30 et 31.

près de s'égorger. Le 4e d'artillerie formait une longue ligne acculée au rempart, les chevaux mêlés çà et là dans les rangs. L'infanterie était en face, les baïonnettes à deux pieds de la poitrine des artilleurs ; mais ces derniers avaient chargé leurs mousquetons et se tenaient prêts à faire feu. Les deux partis se regardaient avec fureur. *Vive l'Empereur ! Vive le neveu de Napoléon !* criait l'artillerie. *Ce n'est pas lui ! Ce n'est pas vrai !* répondait l'infanterie. Cependant, on parvint à apaiser les soldats, et la grille s'ouvrit pour donner passage à l'artillerie. Alors MM. de Persigny et Laity coururent aux canonniers et voulurent les entraîner vers leurs pièces, pour revenir délivrer les prisonniers et venger leur défaite. Cet espoir ranima tous les courages, et l'on se précipita dans la direction des parcs d'artillerie ; mais les munitions étaient à l'arsenal, et le colonel, prisonnier maintenant, avait seul le pouvoir de s'en faire délivrer ; il fallut renoncer à cette dernière espérance ; d'ailleurs, les chefs une fois pris, il n'y avait plus d'obéissance possible. Aussi l'autorité royale reprit-elle facilement le pouvoir. » (1)

(1) *Relation historique des évènements du 30 octobre*, par M. A. Laity. (Paris 1838).

M. de Persigny, qui avait été arrêté, parvint à s'é-
chapper des mains de la gendarmerie. A peine fut-il en
liberté, qu'il regretta de ne pas partager le sort de
son noble chef. Il voulut se constituer prisonnier : le
prince le lui fit défendre.

Son séjour à Strasbourg ne pouvant se prolonger im-
punément, il gagna le grand-duché de Bade. Là il fut
traqué par la police locale qui avait ordre de le livrer
aux autorités françaises. Il erra plusieurs jours dans
les montagnes de la Forêt-Noire, par des chemins in-
connus, à travers des pays dont il ignorait la langue,
jusqu'à ce qu'il apprit la grâce qui fut accordée à Louis-
Napoléon.

Rassuré sur ce point, il partit pour la Suisse, séjourna
un mois environ à Arenenberg, puis, reprenant la route
de l'Allemagne, il passa en Angleterre.

XV.

M. de Persigny, voulant gagner devant l'opinion publique la bataille qu'il avait perdue à Strasbourg, publia un compte-rendu des évènements du 30 octobre.

Le plus grand mal qu'on puisse dire de cette tentative impérialiste, c'est qu'elle ne réussit pas. D'après des témoins honorables, que la différence d'opinion ne permet pas de suspecter, M. de Persigny a eu raison de dire : « Ce n'est ni un général, ni un aide-de-camp, « ni un colonel qui fit manquer cette expédition ; c'est « la fatalité ! (1) »

Il en est un peu de la foi à une idée comme de l'amour : l'homme qui en a le cœur pénétré puise toujours une énergie nouvelle dans l'insuccès même de ses entreprises. M. de Persigny a beau attribuer à la fatalité la défaite de Strasbourg : il espère la vaincre à force de courage et de persévérance. Le 2 mars 1837, il écrit de Londres : « ... Je suis et serai toujours le même : « *impavidum ferient ruinæ*. Lorsque le demi-dieu de « notre siècle a été cloué, comme Prométhée, sur un « affreux rocher, pour y expier sa gloire, de quoi « pourrais-je me plaindre ? La pensée de son long « supplice ne me quitte jamais, parce qu'elle me donne « la force de tout supporter. Quand j'ai commencé à « vivre dans la foi de ce grand homme, je me suis pré-

(1) *Relation de l'entreprise du prince Napoléon Louis , et motifs qui l'ont déterminée.* (Londres, janvier 1837).

« paré à tout. Il n'y a pas de tourment, il n'y a pas de
« douleur, de quelque genre que ce puisse être, qui
« m'étonnera. Rien donc ne saurait m'abattre. *Tôt ou*
« *tard, nous mettrons le pied sur la trace du géant.* »

XVI.

Le parti bonapartiste, à Paris, qui aurait volontiers
profité de la victoire, n'approuvait pas l'expédition,
après qu'elle eut échoué. Je l'ai déjà dit, il adorait le
passé dans l'immobilité d'un fakir ; il croyait peu à
l'avenir. Il se livrait à des récriminations amères jusqu'à l'injustice, surtout depuis que les débats judi-
ciaires avaient révélé la coopération de ce jeune homme qu'il avait si froidement accueilli. M. de Persigny
jouissait de toute la confiance du Prince ; de plus, on
le savait capable d'essayer indéfiniment, jusqu'à
concurrence de sa vie, tous les moyens qui pourraient
faire triompher la cause impériale. On s'entendit donc
tout naturellement pour le perdre dans l'esprit de
Louis-Napoléon. Des recherches furent faites sur sa
famille ; son nom fut contesté, son caractère abaissé,

son désintéressement traité de calcul, son ambition mise au niveau de celle d'un intrigant. Un représentant du parti fut délégué auprès du Prince, à la fin de décembre 1839, pour lui exposer, en ce qui concernait M. de Persigny, le résultat de toutes les investigations auxquelles s'était livrée la petite police des bonapartistes. Le Prince écouta tranquillement ce long et singulier réquisitoire. « On ne me croit donc pas « capable — répondit-il — d'apprécier un homme ! » Comme le député insistait, en faisant observer qu'il serait, tout au moins, prudent de se tenir sur la réserve vis-à-vis de M. de Persigny, et de soumettre son dévoûment à une sorte de quarantaine, le prince ajouta simplement : « Mon cher, on n'éprouve pas ses amis ! »

M. de Persigny, ayant eu connaissance de cette mission extraordinaire, versa des larmes ! Le Prince, lui prenant la main en souriant, la mit dans celle de l'envoyé bonapartiste, pour faire entendre qu'il ne tenait aucun compte de la démarche essayée auprès de lui. En effet, comment aurait-il pu sacrifier à une réclamation équivoque, un serviteur d'une fidélité déjà éprouvée, doué de l'esprit de suite et d'initiative, et qui, mieux que personne, avait compris la grandeur morale et l'avenir politique de l'idée napoléonienne ?

XVII.

L'expédition de Boulogne qui ne fut, comme celle de Strasbourg, qu'une erreur de temps, mit de nouveau en relief le caractère de M. de Persigny.

Voyons quelle fut son attitude dans le procès qui s'ouvrit, le 28 novembre 1840, devant la Cour des Pairs.

L'organe du ministère public affirme « qu'il a pris « à ce complot une des parts les plus ardentes et les « plus obstinément coupables (1). » Il faut le croire !

Est-ce à dire que M. de Persigny vise à s'attribuer la gloire de chef de parti et qu'il manifeste une velléité de se poser comme un homme important ? Non. Et, sans vouloir repousser la responsabilité qui peut lui incomber, il répondra : « Je n'avais qu'à obéir. J'appartiens « au Prince, je suis son soldat ; je lui ai obéi en tout « ce qu'il m'a commandé (2). »

(1) *Attentat du* 6 *octobre* 1840. (Imprimerie royale). Extrait de l'acte d'accusation.
(2) *Id*. Extrait de l'interrogatoire.

Le chancelier insistant, il coupe court à toutes ses questions par ces mots : « Je n'ai rien de plus à dire : « j'ai apporté ma tête ici (1). »

Telle est la modestie du dévouement, lorsqu'il est sincère.

En suivant la fortune du neveu de l'Empereur, M. de Persigny était préparé à toutes les éventualités qui pourraient l'atteindre personnellement. Le Président de la Cour des Pairs lui ayant accordé la parole pour se défendre, il oublia son propre intérêt pour s'occuper exclusivement de la cause dont il s'était fait le champion. Il ne voulut profiter de l'heure de liberté qui lui était laissée que pour glorifier encore une fois publique_ ment, solennellement, l'idée à laquelle il s'était dévoué corps et âme. Il s'exprima ainsi :

« Il y a sept ans que des études approfondies sur la « grande époque consulaire et impériale , opposée , « dans mon esprit, à l'époque actuelle, me vouèrent « au culte des idées napoléoniennes. Ce culte vous « explique mon dévouement à l'illustre race qui per- « sonnifie ces idées et au noble Prince qui en est ici le « représentant.-

(1) *Id.*   Id.

« Pour assurer le triomphe de ces idées, qui promet-
« tent, dans ma pensée, la gloire, la grandeur et les
« libertés de mon pays, je n'ai pas hésité à me faire le
« soldat d'un homme, d'une famille.

« A une époque où il n'y a, en France, ni véritable
« autorité, ni véritable liberté, où les partis et le pou-
« voir sont également impuissants, faute d'une per-
« sonnification vivante des grands intérêts du pays...

M. LE CHANCELIER. — « Je ne puis laisser passer ces
« expressions. »

L'ACCUSÉ PERSIGNY. — « J'ai voulu dire que l'auto-
« rité n'était pas assez forte et la liberté pas assez
« étendue. Je crois que c'est là, Messieurs les Pairs,
« une doctrine que vous partagez en partie.

« ..... A une époque où tout le monde veut com-
« mander et personne obéir, je suis fier d'avoir com-
« pris l'obéissance et engagé ma liberté dans le but
« d'assurer et d'agrandir les libertés de mon pays. Je
« suis fier d'avoir pris la devise de ce généreux roi de
« Bohême qui vint mourir à Crécy pour la cause de la
« France, cette devise modeste, mais qui a aussi sa
« grandeur : *Je sers*.

« L'idée napoléonienne qui fut l'expression la plus
« sublime de la Révolution française, qui rattache les

« siècles passés au nouveau siècle, qui, du sein de la
« démocratie la plus agitée, fit surgir l'autorité la plus
« gigantesque, qui remplaça une aristocratie de huit
« siècles par une hiérarchie démocratique accessible à
« tous les mérites, à toutes les vertus, à tous les
« talents, la plus grande organisation sociale que les
« hommes aient conçue; l'idée napoléonienne qui, pro-
« digue d'égalité, veut aussi assurer aux peuples les
« plus grandes libertés, mais ne leur en accorde la
« jouissance complète qu'après les avoir étayées de
« solides institutions, associant ainsi les doctrines de
« liberté aux doctrines d'autorité ; l'idée napo-
« léonienne qui songe surtout au peuple, au fils de sa
« prédilection, qui ne le flatte pas, mais s'occupe sans
« cesse de ses besoins... ; l'idée napoléonienne, vous
« la connaissez, Messieurs les Pairs, car vous avez
« servi à ses triomphes, vous qui fûtes les compagnons
« de gloire de l'Empereur (1). »

M. de Persigny fut condamné à vingt ans de déten-
tion, et enfermé dans la citadelle de Doullens.

(1) *Id.* Discours de M. de Persigny.

XVIII.

L'avenir est à ceux qui savent attendre dans la paix de leur conscience et la force de leurs idées. Je ne sais pas de plus noble conspiration contre l'adversité et la solitude que la résignation du courage et le travail dans la confiance de l'avenir.

Pendant leur captivité, Louis-Napoléon et ses amis, toujours fermes dans leurs espérances, remplis de cette calme patience qui est souvent l'instinct d'une destinée meilleure, persuadés qu'ils ne s'étaient trompés que de date, se consolaient des rigueurs momentanées de la fortune par les plus sérieuses études. On connaît le livre si substantiel de l'*Extinction du paupérisme*, où le Prince apporte une solution pratique au plus grave problème économique de notre temps, et les *Idées napoléoniennes*, magnifique reflet du génie de l'Empereur. C'est du fond de cette retraite féconde qu'est sorti le livre de M. de Persigny sur les Pyramides (1).

---

(1) *De la destination et de l'utilité permanente des Pyramides d'Egypte et de Nubie contre les irruptions sablonneuses du désert*, par M. Fialin de Persigny. (Paris, 1845, chez Paulin). Le livre est daté de Doullens, 14 février 1845.

Comme le titre même l'indique, cet ouvrage a pour but de rechercher la véritable destination de ces monuments, et de prouver qu'ils ont été construits pour opposer une digue insurmontable aux irruptions du Désert.

La première fois qu'il arriva à l'auteur de soupçonner l'existence de rapports intéressants à étudier entre le Désert et la civilisation, fut à la lecture du beau chapitre des Mémoires de Napoléon sur l'Egypte. Dès les premières rechecrhes, il fut amené à réfléchir sur ces hautes murailles que les villes du littoral occidental de l'Afrique avaient tenté d'opposer à l'invasion du Sahel, sans y réussir. Un autre genre de digue paraissait donc préférable à un obstacle continu ; il fallait peut-être supposer des corps isolés, d'une forme particulière, et disposés suivant certaines données expérimentales. C'en était assez pour soupçonner la destination possible des Pyramides. Le mystère même où tant d'investigations ont laissé leur destination, semblait une présomption en faveur d'une idée nouvelle. Et l'on pouvait tout d'abord concevoir qu'un fléau si extraordinaire eût provoqué un rempart gigantesque. M. de Persigny dut donc s'attacher à examiner la valeur morale de son hypothèse. Il se dévoua à ce nouveau calcul de probabilités avec cet esprit de suite qui le distingue et cette ardeur âpre d'un savant qui veut arracher au Sphinx un secret de quatre mille ans.

Il était clair que si les Pyramides étaient primitivement destinées à protéger la vallée du Nil contre les irruptions sablonneuses, elles devaient satisfaire à de rigoureuses conditions d'emplacement naturellement indiquées par les données de la question du Désert. Une foule d'hypothèses, naissant de ces conditions capitales, en complétaient le système dans la pensée de l'auteur, et tendaient à le confirmer, si l'étude des lieux répondait aux prévisions. « C'est ainsi, dit-il, « que dans la solitude d'une prison, loin des docu- « ments nécessaires à des recherches de cette nature, « et dans la plus entière ignorance de la situation « géographique et topographique des Pyramides, j'éta- « blissais, sur la connaissance des mouvements du « Désert, une série de conjectures auxquelles devaient « nécessairement satisfaire ces monuments mysté- « rieux, s'ils avaient été élevés contre le fléau des « sables. »

A la suite d'une grave maladie, ayant été transféré de Doullens dans une maison de santé à Versailles, M. de Persigny profita des avantages de cette nouvelle situation qui lui permit de fouiller dans des bibliothèques privées et dans celle du Roi, pour vérifier la valeur de ses suppositions. En effet, il put constater que la position des Pyramides répondait exactement à ses conjectures ; et dès-lors leur destination supposée cessa d'être une vague hypothèse. Placé sur la voie d'une grande découverte, il résolut de la poursuivre jusqu'au bout.

On se fera une idée de l'importance de ce travail qui s'appuie sur toutes les branches de la science. En effet, pour arriver à la solution du problème qu'il s'était posé, M. de Persigny a tour-à-tour invoqué l'histoire, la géographie, l'archéologie, la géométrie, la mécanique, l'aérostatique, la météorologie ; il a consulté tous les documents relatifs à l'Egypte depuis Hérodote jusqu'à Champollion-Figeac ; il a pesé toutes les assertions ; il a discuté tous les faits ; il s'est livré à de hautes considérations tirées de la politique et de la religion ; enfin, il a présenté les preuves morales et les preuves mathématiques du problème.

Ce livre est fait de telle sorte qu'il serait facile d'étudier l'homme dans l'auteur ; on retrouverait sans peine à travers les qualités littéraires de l'ouvrage les qualités morales de M. de Persigny. Le style est clair et précis comme sa conversation. De même que dans la vie pratique, l'écrivain aborde vivement les objections, au lieu de les tourner subtilement. Loin d'éluder les difficultés, il les attaque de front, après les avoir bien mesurées. Ferme dans ses convictions, prudent dans ses conjectures, hardi autant que prompt dans l'idée, il démêle avec sagacité les choses douteuses. L'erreur l'importune ; le doute l'irrite. Lorsqu'il entre en campagne contre une idée fausse, contre un fait inexact ou mal vérifié, il a déjà combiné ses moyens et calculé ses chances. Toutefois, cet esprit, en apparence si absolu, s'incline avec respect devant les savants dont il consulte les œuvres ; il les cite, il leur rend justice et hommage en termes éclatants.

Avant de publier son livre, M. de Persigny l'avait adressé sous la forme d'un Mémoire à l'Académie des sciences, qui avait nommé une commission de cinq membres (1) pour l'examiner. En le présentant à la

(1) Cette commission était d'abord composée de MM. Arago, Cordier et Babinet. Plus tard, après de nouvelles communications de la part de l'auteur, l'Académie jugea la question assez grave pour adjoindre à leurs confrères MM. Dumas et Poncelet. « Mais avec les travaux dont l'Académie est

savante compagnie, M. Arago avait implicitement donné son approbation en ces termes : « Les Pyra-« mides ont l'emplacement, les dimensions et l'orien-« tation pour représenter les aiguilles d'un barrage « unique. (1) » C'est là toute la thèse soutenue dans le livre.

Un trait de caractère de M. de Persigny, qui se révèle à propos d'une pure question scientifique, comme s'il s'agissait d'une affaire politique, c'est la persévérance qu'il déploya à mettre en lumière le problème qu'il poursuivait et dont il croyait avoir trouvé la solution : les *procès-verbaux* de l'Académie en font foi. Entre autres communications pour appuyer l'idée de son travail, il en est une, assez curieuse, de laquelle il résulte qu'il s'est livré à des expériences aérostatiques, et que sa théorie est conforme à tous les faits qu'il a observés.

« surchargée, dit M. de Persigny, il n'était pas probable « que cette commission dût jamais s'occuper de mon Mé-« moire, et je me déterminai à le publier, sans attendre le « rapport. »

(1) *Procès-verbaux de l'Académie des sciences.* — Séance du 5 août 1844.

Quoi qu'il en soit, le livre de M. de Persigny paraît contenir une découverte réelle. Il vivra, parce qu'il est la révélation de tout un passé merveilleux. Et s'il fallait le définir, en invoquant l'opinion même du savant M. Jomard, on pourrait dire qu'il n'est rien moins que la prophétie des Pyramides.

XIX.

M. de Persigny resta détenu jusqu'à la révolution de 1848.

Il fut un des premiers à se réjouir de voir la nation, par l'établissement du suffrage universel, mise en possession du droit de se donner un gouvernement. Lui et ses amis jetèrent aussitôt en avant le nom populaire de Napoléon. A peine ce nom fut-il prononcé qu'il devint une espérance et un signe de ralliement. A diverses reprises, le Prince fut appelé à siéger sur les bancs de l'Assemblée constituante. Dans cet intervalle, M. de Persigny, soupçonné de provoquer des sympathies en faveur de l'héritier de l'Empereur, avait été arrêté par les ordres du gouvernement.

Dans une circulaire adressée aux électeurs de la Loire, il avait déjà posé sa candidature, en invoquant hautement son passé et sa religion politique. Mais les idées impériales étaient, à cette époque, peu connues. Elles ne pouvaient pas être convenablement estimées ni sainement appréciées, au milieu de l'effervescence révolutionnaire des esprits ; en outre, il était bon que les républicains de la veille eussent leur moment de pouvoir, afin que le pays sût parfaitement de quoi ils sont capables : deux raisons pour lesquelles M. de Persigny dut succomber. En revanche, aux élections générales de 1849, il fut nommé représentant par les départements de la Loire et du Nord.

XX.

Depuis l'avènement du Prince Napoléon à la présidence de la République jusqu'à l'ouverture de l'Assemblée législative, M. de Persigny ne fut investi d'aucune fonction officielle. Il se contenta de rester l'ami et le conseiller intime du chef de l'Etat.

On sait quelle fut la participation active des fonctionnaires publics à l'élection présidentielle. Choisis par le général Cavaignac, ils soutinrent naturellement sa candidature. Mais, cette fois, l'opinion du pays se trouva en désaccord éclatant avec les agents de l'administration.

Après l'installation du Prince-Président, la première question qui se présenta fut donc celle de savoir si les fonctionnaires supérieurs des départements seraient ou révoqués, ou maintenus, ou bien changés de destination.

Un document particulier nous apprend comment M. de Persigny était d'avis qu'on la résolût : « ... Après « le 10 décembre, le Président une fois établi, je crus « devoir, pour répondre à sa confiance, insister beau- « coup sur la nécessité de déplacer les autorités qui « s'étaient compromises dans l'élection présidentielle, « en appuyant ouvertement la candidature du gé- « néral Cavaignac. En fait, je reconnaissais le premier « que le parti qui avait cru voir dans le brave général « Cavaignac la personnification politique de l'ordre, « était, en grande partie, composé d'excellents ci- « toyens, sincèrement dévoués à l'ordre ; que ce parti « serait, dans l'avenir, un des plus fermes appuis du « gouvernement du neveu de l'Empereur ; qu'il fallait

« donc le rallier par la conciliation, la sagesse, la
« modération, mais que la conciliation ne pouvait se
« faire que par en haut. Les populations, exaltées
« par le vote du 10 décembre, ne comprendraient
« pas qu'après avoir triomphé des autorités, elles
« devaient obéir aux mêmes autorités. Il en résulte-
« rait une méfiance funeste aux intérêts d'une bonne
« administration ; et cette situation amènerait à la
« fois l'énervation du pouvoir et le désenchantement
« des masses. Il était donc nécessaire, sans tarder,
« non pas de destituer les fonctionnaires publics
« compromis, mais de les changer de résidence.

« Cette politique, je la développai sous toutes ses
« faces et avec la persévérance dont je suis capable.
« Elle ne fut pas celle du ministère, parce qu'il était
« persuadé, comme je l'étais moi-même, que la plu-
« part des fonctionnaires étaient des hommes hon-
« nêtes et intelligents ; il ne voulut pas adopter une
« grande mesure, se bornant à des demi-mesures. Je
« n'ai pas à dire ce que je pense de cette politique
« qui est jugée aujourd'hui. » (1)

(1) Lettre à M. G... — Paris, 18 avril 1849.

XXI.

Cette politique était tout-à-fait élémentaire : sa simplicité en faisait l'habileté. Elle était doublement sage en ce sens qu'elle était prudente et ne froissait personne. En outre, elle présentait un avantage moral dont on aurait dû tenir compte, c'était de dégager la situation des fonctionnaires, en ôtant à leur conduite passée l'apparence d'une défection scandaleuse, et à leur dévouement pour le gouvernement nouveau l'apparence d'un concours équivoque.

Mais les amis du lendemain de Louis-Napoléon se préoccupaient de bien autre chose ! Le crédit de M. de Persigny les gênait, ils essayèrent de le ruiner à force de zèle et de calomnies. Ils ne pouvaient pas rendre suspect son attachement au Prince ; ils prirent la difficulté de biais. On lui attribua des discours qu'il n'avait pas tenus, des opinions qui n'étaient pas les siennes. Il fut représenté comme un homme absolu, exclusif, extravagant même dans les desseins qu'on lui prêtait, et qui mettait une persistance satanique à suggérer des folies.

Après avoir été débités dans les journaux et colportés à travers les couloirs de l'Assemblée, ces propos
eurent les honneurs de la tribune. On se souvient des
« passions détestables » dénoncées par M. Odilon
Barrot, à qui M. de Persigny ne répondit que par un
silence dédaigneux.

Et cependant rien n'était moins fondé que ces attaques !

Au moment où tout ce bruit se faisait autour de sa
personne, M. de Persigny écrivait à un Sous-Préfet :
« ... Quant aux questions politiques de parti, je n'ai
« pas besoin de dire que je ne partage aucune préven
« tion, car vous savez peut-être que je suis l'un des plus
« chauds partisans de la *politique de fusion*. Bona
« partiste de la veille, j'ai été le premier à combattre
« l'idée de former un parti bonapartiste, et à vouloir
« constituer un grand parti national, composé de tous
« les éléments d'ordre de notre pays... Je suis ferme
« ment convaincu que, dans cette fusion, est le salut
« commun. Je suis exposé, il est vrai, à toutes les atta
« ques des *queues* de mon propre parti ; mais je ne
« reculerai jamais devant les difficultés de cette
« nature. »

Ce qu'il avouait dans l'intimité d'une correspondance

privée, il le déclarait tout haut dans une circulaire, en
date du 8 avril 1849, dont la rédaction lui avait été
confiée par le comité bonapartiste de la rue Montmartre
qui l'avait choisi pour son vice-président.

« Messieurs les électeurs, permettez-nous de vous
« rappeler les principes qui doivent vous guider.

« Ces principes sont ceux qu'adopta l'Empereur
« Napoléon, quand, parvenu au Pouvoir au milieu
« d'une société bouleversée par des partis acharnés les
« uns contre les autres, il entreprit de les réconcilier,
« de les fondre dans un grand parti national, en appe-
« lant à lui tous les hommes de mérite, tous les hon-
« nêtes gens, à quelque drapeau qu'ils eussent appar-
« tenu. Ces principes, ce sont les mêmes que professe
« aujourd'hui le neveu de l'Empereur, et dont il pour-
« suit l'application avec tant de sagesse et de fermeté.

« Suivons le noble exemple du Président de la Répu-
« blique. Bonapartistes de la veille, soyons les pre-
« miers à renoncer à ces distinctions qui ne servent
« qu'à perpétuer les haines et à exciter des méfiances
« funestes.

« Il n'y a, d'ailleurs, que les partis faibles qui redou-
« tent le contact des partis qu'ils ont combattus. Nous,
« forts des sympathies populaires, nous savons bien

« que, si l'élu du peuple était menacé, des milliers
« d'hommes se lèveraient pour défendre leur ouvrage.
« Ne craignons donc pas de sacrifier à l'intérêt public
« le souvenir des griefs et des dissidences du passé, et
« associons-nous franchement à tous les éléments
« d'ordre de notre pays. Déjà, nous avons donné le
« premier exemple de cet esprit d'union et de conci-
« liation par l'adjonction de plusieurs d'entre nous au
« Comité de la rue de Poitiers.

« Mais, plus les véritables bonapartistes font appel à
« la concorde, plus les populations doivent mettre de
« scrupule à n'élire que des représentants fermement
« résolus à soutenir le Président de la République. La
« France accepte tous les hommes honorables, sages et
« intelligents des anciens partis. Toutefois, elle a le droit
« de leur demander comment ils comprennent le sen-
« timent national et ce qu'ils feront pour le satisfaire.
« Le pays a donc à choisir entre les candidats qui dési-
« rent le renversement de l'œuvre du 10 décembre et
« ceux qui en veulent l'affermissement. »

XXII.

Tels étaient les sentiments de ce qu'on appelait le « parti sanguin ; » tel était le langage de l'homme qui en était la personnification la plus intelligente et la plus pure.

Le seul tort de M. de Persigny était de croire que cette « politique de fusion » qu'il préconisait si chaudement ne renfermait aucune illusion. Sans doute, elle avait été la pensée constante de l'Empereur, (et je conviens que c'est une noble pensée !) Mais, plus tard, dans les méditations de Sainte-Hélène, il en a reconnu le côté chimérique. De tout temps les partis sont restés fidèles à leurs haines et ont rarement menti à leur caractère.

M. de Persigny aurait pu opposer pour sa défense les principes qu'il avait toujours professés; il s'était borné, un jour, au plus fort de la lutte, à dire de ses adversaires : « Ils me poursuivent ? J'ai un bon moyen de les « réduire à l'impuissance : c'est de les laisser faire ! »

Il avait raison.

C'est ainsi que, peu à peu, les partis hostiles au Président de la République ont rendu nécessaire le coup d'Etat du 2 décembre, et qu'en préparant leur élévation, au détriment du Pouvoir, ils ont amené leur propre défaite, aux applaudissements du pays.

XXIII.

La lutte entre le Président et l'Assemblée étant flagrante, la guerre civile près d'éclater, la conciliation désormais impossible : le coup d'Etat était légitime.

Parmi les conseillers de cette haute mesure qui devait mettre un terme à une situation aussi tendue, s'est trouvé naturellement M. de Persigny.

Il fut chargé de surveiller, à la tête d'un piquet d'infanterie, le déménagement de l'Assemblée législative. Singulière coïncidence ! L'homme choisi pour cette mission était le même qui, dix-huit années auparavant, avait dénoncé « l'inutilité de la tribune, » et avait dit : « S'il nous était permis d'agir, nous n'aurions garde « de penser à la discussion publique. » Il dut y avoir une satisfaction profonde dans le cœur d'un homme d'action tel que M. de Persigny, assistant, les bras croisés, à la clôture de ces séances vaines et agitées où il s'était contenté du rôle fécond d'observateur.

Le coup d'Etat n'étonna personne. Mais on s'attendait généralement à ce qu'il serait contresigné par M. de Persigny. J'ai vu, à ce propos, un représentant qui doutait de ses propres yeux, en lisant le nom de M. de Morny au bas du décret de dissolution de l'Assemblée.

En effet, il convient de rendre cette justice à M. de Persigny qu'avant comme après l'élection du Prince, il n'a spéculé sur ses opinions que dans l'intérêt exclusif de la cause à laquelle il appartient. Il lui a suffi d'être ministre le jour où la proclamation de l'Empire nouveau a donné une forme sensible à son rêve, et à ses idées une conclusion définitive.

XXIV.

On peut affirmer que jusqu'à présent la vie de notre illustre compatriote a été, comme son caractère, tout d'une pièce.

Depuis qu'il a arboré le drapeau napoléonien, en

1834, il l'a constamment défendu ; sa foi n'a point faibli ; sa fidélité ne s'est jamais démentie ; ses attachements ont été inébranlables à travers toutes les vicissitudes ; enfin, ses idées n'ont subi aucune modification, à tel point qu'il n'aurait pas à effacer une ligne de l'*Occident français* ou de son discours devant la Cour des pairs. Quel est l'homme politique de ces temps qui mérite un tel éloge ?

Ce n'est pas assez d'avoir inaltérablement conservé, pendant vingt ans, les mêmes principes et les mêmes affections. Il a voulu que sa conduite privée fût toujours digne de sa conduite politique : jugeant avec raison que l'honneur, la probité, le désintéressement, sont inséparables des convictions sincères et élevées. Quand on a fait appel à son influence, au nom de son intérêt personnel, il a répondu : « Je veux garder les mains « pures, car, si jamais j'arrive au Pouvoir, il faut que « je ne puisse pas même être soupçonné. » A son avis, la meilleure manière de servir une belle cause, c'est de l'honorer par son caractère; et cette maxime a été la règle invariable de ses actions.

XXV.

Des motifs de convenance nous obligent à borner cette *Notice* au 22 janvier 1852, date de la nomination de M. de Persigny au ministère de l'intérieur. D'ailleurs, l'avenir tient assez de place dans sa vie politique pour que le biographe ait le loisir d'attendre. Je ne parlerai donc pas des actes qui ont signalé son passage aux affaires : le rapport qu'il a adressé à l'Empereur, le 21 juin dernier, les résume suffisamment. J'indiquerai seulement par une simple citation l'idée qu'il s'était faite de l'administration. Dans une circulaire, en date du 5 mai 1852, le ministre dit aux préfets : « N'oubliez jamais que la justice est le premier besoin « des populations, et qu'elle seule peut donner une « véritable force à l'autorité. Ne perdez jamais de vue « qu'une bonne administration est la meilleure poli- « tique. »

Quoique M. de Persigny soit actuellement éloigné du Pouvoir, nul ne saurait oublier que, partout et toujours, il a voulu le rétablissement de l'Empire, à Strasbourg, à Boulogne, comme dans les conseils de l'Elysée, ne s'inquiétant jamais du péril pour ne songer qu'au succès. Après en avoir été le serviteur le plus dévoué et le plus constant, il en reste la personnification la plus chevaleresque. Une conviction si intelligente et si opiniâtre a valu à M. de Persigny une force réelle et un juste respect. Il a quitté le Pouvoir en emportant les regrets des amis sincères du Gouvernement et l'estime sérieuse des honnêtes gens de tous les partis.

XXVI.

Xénophon commence la vie d'Agésilas en ces termes : « Parce qu'il fut un homme de mérite, serait-ce « une raison de ne lui accorder aucun éloge, l'éloge « fût-il au-dessous de l'homme ? »

En terminant cette *Notice*, j'invoque ces paroles pour me justifier de l'avoir écrite.

Joseph DELAROA.

www.ingramcontent.com/pod-product-compliance
Lightning Source LLC
Chambersburg PA
CBHW051631060726

47597CB00004B/1526